PLANETA AN[IMAL]

EL PERRO DE LA PRADERA

POR VALERIE BODDEN

CREATIVE EDUCATION • CREATIVE PAPERBACKS

Publicado por Creative Education
y Creative Paperbacks
P.O. Box 227, Mankato, Minnesota 56002
Creative Education y Creative Paperbacks son marcas
editoriales de The Creative Company
www.thecreativecompany.us

Diseño de The Design Lab
Producción de Rachel Klimpel
Dirección de arte de Rita Marshall
Traducción de TRAVOD, www.travod.com

Fotografías de Alamy 123RF (anolis01), Alamy (Don
Johnston), Dreamstime (1tommas, Isselee, Miroslav
Liska, Zoltan Tarlacz), Getty (Justin A. Morris), iStock
(davemhuntphotography, HenkBentlage, jarenwicklund,
NEALITPMCCLIMON), Minden Pictures (Jim
Brandenburg), Nature Picture Library (Charlie Summers),
Shutterstock (Roger Dale Calger, Jearu)

Library of Congress Cataloging-in-Publication Data
Names: Bodden, Valerie, author.
Title: El perro de la pradera / by Valerie Bodden.
Other titles: Prairie Dogs. Spanish
Description: Mankato, Minnesota : Creative Education
and Creative Paperbacks, [2023] | Series: Amazing
animals | Includes bibliographical references and index.
    Audience: Ages 6–9 | Audience: Grades 2–3 |
Summary: "Elementary-aged readers will discover prairie
dog towns. Full color images and clear explanations
highlight the habitat, diet, and lifestyle of these fascinating
little mammals."– Provided by publisher.
Identifiers: LCCN 2022007515 (print) | LCCN
2022007516 (ebook) | ISBN 9781640265912 (library
binding) | ISBN 9781682771464 (paperback) | ISBN
9781640007109 (ebook)
Subjects: LCSH: Prairie dogs–Juvenile literature.
Classification: LCC QL737.R68 B6318 2023 (print)
    | LCC QL737.R68 (ebook) | DDC 599.36/7–dc23/
eng/20220228
LC record available at https://lccn.loc.gov/2022007515
LC ebook record available at https://lccn.loc.
gov/2022007516

Tabla de contenido

El perro de la pradera tiene largos bigotes que le ayudan a percibir el mundo que lo rodea.

El perro de la pradera no es realmente un perro. Es un **roedor**, pariente de las ardillas. Los primeros exploradores los llamaron perros de la pradera por el sonido similar al ladrido que hacen. Hay cinco tipos de perros de la pradera. Todos viven en Norteamérica.

roedores animales que tienen pelo o pelaje, dientes frontales afilados y alimentan a sus crías con leche

Todos los perros de la pradera tienen pelaje del color café claro y una cola corta. Algunos tienen la punta de la cola blanca. Otros tienen colas con punta negra. El perro de la pradera tiene patas cortas y garras afiladas. Tiene ojos grandes y orejas pequeñas.

Aunque sus orejas sean pequeñas, los perros de la pradera tienen un excelente oído.

La mayoría de los perros de la pradera llegan a medir casi un pie (0,3 m) de largo. Pesan entre 1,5 y 3 libras (0,7 a 1,4 kg). ¡Un perro de la pradera asustado puede correr a una velocidad de hasta 35 millas (56,3 km) por hora!

Cuando un perro de la pradera da un "salto con ladrido" (arriba), los demás harán lo mismo.

Durante el día, los perros de la pradera salen de sus madrigueras para buscar comida.

Los perros de la pradera viven en las **Grandes Llanuras**. Esta zona está cubierta de pastos. Allí hay pocos árboles. Los perros de la pradera cavan casas subterráneas llamadas madrigueras. Una madriguera tiene varios cuartos conectados por túneles.

Grandes Llanuras un área grande y plana de tierra en el medio oeste de Canadá y Estados Unidos

El perro de la pradera come principalmente pastos. También come flores, hojas y semillas. A veces, come saltamontes o escarabajos.

En primavera y verano, los perros de la pradera comen más hierbas que otras plantas.

Las crías se quedan con su madre hasta que tienen unos 15 meses de edad.

La madre da a luz de tres a cinco **crías**. Las crías nacen dentro de la madriguera. Nacen con los ojos cerrados. No tienen pelo. Crecen muy rápido. A las seis semanas de edad, salen de la madriguera, a explorar.

crías perros de la pradera bebés

El perro de la pradera de cola negra se encuentra desde el sur de Canadá hasta el norte de México.

Los perros de la pradera viven en grupos llamados colonias. ¡En una colonia pueden vivir cientos de perros de la pradera! Los perros de la pradera se saludan chocando las narices y dientes frontales. Los perros de la pradera de cola negra también se **acicalan** unos a otros.

acicalar limpiar el pelaje para quitarle la suciedad y los insectos

Cuando detectan a un coyote, todos los perros de la pradera se ponen de pie para vigilarlo.

Algunos perros de la pradera montan guardia, mientras los demás comen. Los guardias vigilan que no haya **depredadores** como halcones y coyotes. Si ven a uno, ladran en señal de alarma. Con un ladrido diferente les indican a todos que ya no hay peligro.

depredadores animales que matan y se comen a otros animales

En las Grandes Llanuras, la gente puede ver perros de la pradera en la naturaleza. Otros pueden observarlos en los zoológicos. ¡Es divertido ver a estas pequeñas criaturas regordetas escabullirse!

Otros animales de la llanura dependen de los perros de la pradera y sus madrigueras.

Un cuento del perro de la pradera

Los indígenas norteamericanos

contaban una historia sobre por qué los perros de la pradera montan guardia contra los coyotes. Una vez, el coyote estaba muy hambriento. Llegó a una colonia de perros de la pradera. Les sugirió a los perros de la pradera que organizaran un baile. Les dijo que bailaran con los ojos cerrados. Mientras los perros de la pradera bailaban, el coyote se comió a algunos de ellos. Los demás abrieron los ojos y se asustaron. Ahora, cada vez que los perros de la pradera ven a un coyote, lo vigilan con mucha atención.

Índice